Leise getragen

in deiner Trauer

Pierre Stutz

Leise getragen

in deiner Trauer

camino.

Die Kraft der Tränen

Tränen weichen die Härte des Todes auf.
Tränen schenken Schönheit.
Tränen stärken unsere Erinnerung an all das,
was uns auch der Tod niemals nehmen kann.
Tränen lösen Blockierungen
und führen uns zu einer heilenden Spur.
Tränen stiften Beziehungen.

Ich möchte Sie einladen,
dass wir uns angesichts des Todes
verabschieden von der Vorstellung,
nur stark sein zu müssen.
Echte Lebensstärke zeigt sich,
wenn wir unsere Verletzlichkeit
und unsere Verlorenheit mitteilen.
Leben ereignet sich,
wenn wir unsere Tränen fließen lassen können.

Mit-fühlend

Tränen fließen lassen

Dein Tod zerreißt mir das Herz
unerträglicher Schmerz
quälende Verlorenheit
tiefe Verunsicherung

Ich lasse meine Tränen fließen
sie nähren mein leises Vertrauen
dass du in deinem Sterben
zärtlich erwartet wirst

Trotzdem
bleibe ich hilflos zurück
habe Angst vor dem Leben
bin eingehüllt im Dunkel der Nacht

Ich lasse meine Tränen fließen
auch wenn ich es kaum spüre
sie führen zum Vertrauensfluss
der uns tief verbindet

Zerbrochenheit

Zerbrochen meine Hoffnungskraft
zerrüttet mein Urvertrauen
zerfallen meine Fröhlichkeit
zerschnitten mein Lebensnetz

Dich lassen zu müssen
füllt viele Tränenkrüge
laugt mich innerlich aus
schneidet mich ab vom Festland

Eintauchen

Ich tauche ein ins Meer der Verzweiflung
lasse mich tief fallen im Schmerz
komme an im zerbrochenen Glaubensgrund
der immer noch von der Liebe zu dir erzählt

Ich tauche auf in ein Leben ohne dich
lasse mir Zeit zum Trauern und Klagen
taste behutsam nach neuer Lebenskraft
halte Ausschau nach einem Hoffnungshorizont

Gute Reise

»Nokan – Die Kunst des Ausklangs« heißt ein japanischer
Spielfilm aus dem Jahre 2009, den ich mehrmals im Kino
und zu Hause auf DVD gesehen habe. Er rührt mich im
Innersten ganz tief an. Ich begegne darin der Nokan-
Zeremonie: Beim Tod eines Menschen versammelt sich die
Familie und der Freundeskreis zu Hause, um dabei zu sein,
wenn die verstorbene Person mit größter Achtsamkeit und
Mitgefühl vorbereitet wird auf ihre letzte Reise.
Alle sind dabei, wenn die Leiche in den Sarg gelegt wird. In
diesem bewegenden Film kann ich erfahren wie Weinen
und Lachen ganz nahe beieinander sind im Leben. Es ist ein
Film, der mich an das Potenzial der Verstorbenen erinnert,
die uns weiterhin begleiten im Leben, einfach anders.
In der Kremationsanlage bezeichnet sich der langjähri-
ge Angestellte als Torwächter: »All die Jahre, die ich hier
arbeite, habe ich oft gedacht, dass der Tod vielleicht nur ein
Tor ist. Sterben ist nicht das Ende. Man geht hindurch und
weiter zum nächsten. Es ist ein Tor, und ich als Torwächter
habe schon viele auf den Weg geschickt und gesagt: Hab
eine gute Reise, wir alle sehen uns wieder.«
Diese Worte tun mir gut, sie laden mich ein, Verstorbene
gehen zu lassen, weil sie mich weiterhin begleiten werden.

Mein Leben bricht auf

Der plötzliche Tod eines lieben Menschen
bricht mein Leben auf.
Wie nach einem Erdbeben
bleibe ich erschüttert zurück.
Vieles, was getragen hat,
bleibt im Moment unerreichbar.
Vieles, was mir bis jetzt Kraft gab,
kann ich im Moment nicht abrufen.
Das Auf und Ab meiner Gefühle
verunsichert mich: Trauer, Dankbarkeit,
Wut, Verlorenheit, Zweifel und Vertrauen.
Vieles stirbt in mir.
Wenn die Vielfalt meiner Gefühle sein darf,
dann kann ich sie gestalten,
und mein Vertrauen ins Leben wird wachsen.
Zaghaft kann ich dann erahnen,
wie die/der Verstorbene im Sterben
in die Liebe Gottes hineingeboren wird
und auch ich in meinem Trauerprozess
neu geboren werden kann.

Große Lücke

Groß ist die Lücke
die du hinterlässt
unfassbar ist dein Tod
der uns erschüttert

Voll Trauer und Empörung
stehen wir an deinem Grab
das Leben ist nicht fair
wir vermissen dich fest

Du begleitest uns

Deine Lebensfreude
dein Mitgefühl
deine Liebe
überleben den Tod

Du begleitest uns weiterhin
damit wir uns wieder
zurechtfinden ohne dich
mitten im schweren Alltag

Mein Trauerhaus

Dein Platz ist leer
du fehlst
unbeschreiblich ist mein Schmerz
der mein ganzes Sein umhüllt

Dich suche ich bei Tag und bei Nacht
durchquere alle Zimmer unseres Hauses
tauche ein in die Erinnerung
die meinen Tränenfluss nährt

Ein Fenster

Manchmal öffnet sich ein Fenster zur Ewigkeit
ich spüre die bleibende Verbundenheit
niemand kann uns nehmen
was wir miteinander erlebt und erhofft haben

Fest umwoben ist mein Trauerhaus
mit so viel Abgestorbenem und Aufblühendem
beides wird mich sehr lange begleiten
damit mein Vertrauen wachsen kann
dich der Geborgenheit Gottes
anvertrauen zu können

Dankbar gehen lassen

Mit großer Dankbarkeit
lassen wir dich heimgehen
dein Lebenkreis vollendet sich
Gottes Liebe erwartet dich

All die schwierigen Konflikte
verdrängen wir nicht
wir ordnen sie neu ein
als gemeinsamen Reifeprozess

Wir feiern dein Leben

Mit einer großen Verneigung
feiern wir dein segensvolles Leben
mit aller seiner Schönheit
mit aller seiner Schwere

Dich
ankommen lassen
in der Kraft der Ewigkeit
die uns für immer verbindet

Wünsche

Mitten in der Verzweiflung
wünsche ich mir
als Geschenk des Himmels
eine berührende Geste

Mitten im Abschiedsschmerz
wünsche ich mir
einen Moment des Aufatmens
ein unerwartetes Gehaltensein

Mitten in der Verzweiflung
wünsche ich mir
kleine Lichtblicke
die Bruchstückhaftes vollenden

Mitten in der Trostlosigkeit
wünsche ich mir
kraftvolle Erinnerungen
an gemeinsame Wege

Trost

Sich trösten lassen
sichtlich bewegt
zur Dankbarkeit
wohlwollend ermutigt
zu heilenden Momenten

Sich salben lassen
zärtlich berührt
im Schmerz
behutsam erinnert
an eine Trostquelle in uns

Sich segnen lassen
leise gehalten
in der Zerbrechlichkeit
geheimnisvoll aufgehoben
im Leben und Sterben

Pierre Stutz, geb. 1953, spiritueller Autor, Theologe, geistlicher Begleiter. Schreiben ist für den Schweizer Autor ein inneres Feuer. Seine Inspiration zieht er aus Begegnungen mit den Menschen, aus seinem ganz persönlichen Hoffen und Ringen, aus der christlichen Mystik und den Worten der Bibel. Pierre Stutz hat eine ausgedehnte Kurs- und Vortragstätigkeit in Deutschland, Österreich und der Schweiz und ist Autor zahlreicher Bücher zur beseelten Lebenspraxis. Die große Resonanz auf seine Veranstaltungen und Veröffentlichungen bestätigt ihn in der Überzeugung: Spiritualität ist eine kostbare Dimension des Lebens, die Kraft gibt und befreit und Trost schenkt, der nicht »vertröstet«.

Im Internet: www.pierrestutz.ch

Umschlagmotiv/Haupttitel: © kesipun/shutterstock.com
Bilder im Innenteil: 4/5 siriwat wongchana/shutterstock.com, 6/7 © Andriy Solovyov/shutterstock.com, 8/9 © Schubbel/shutterstock.com, 10/11 © Novopics/shutterstock.com, 12/13 © Florin Stana/shutterstock.com, 14/15 © StevanZZ/shutterstock.com, 16/17 © Borut Trdina/iStock.com, 18/19 © Nailia Schwarz/shutterstock.com, 20/21 © Diyana Dimitrova/shutterstock.com, 22/23 © tunart/iStock.com, 24/25 © g-mikee/shutterstock.com, 26/27 © Anjo Kann/shutterstock.com, 28/29 © Valentin Valkov/shutterstock.com, 30/31 © Nailia Schwarz/shutterstock.com, 33 © schankz/shutterstock.com

5. Auflage 2022

Ein CAMINO-Buch aus der
© Verlag Katholisches Bibelwerk GmbH, Stuttgart 2015
Alle Rechte vorbehalten
Designschutz beantragt

Gesamtgestaltung: wunderlichundweigand
Umschlagmotiv: © kesipun/shutterstock.com
Hersteller gemäß ProdSG:
Druck und Bindung: Alfa print s.r.o.,
Robotnícka 1/D, SK - 03601 Martin
Verlag: Verlag Katholisches Bibelwerk GmbH,
Silberburgstraße 121, 70176 Stuttgart

ISBN 978-3-460-50007-5

In dieser Geschenkheftreihe sind von Pierre Stutz bisher erschienen:

Glücksmomente
ISBN 978-3-96157-032-4

Eine Kerze brennt für dich
ISBN 978-3-460-50018-1

Gehalten in zerbrechlichen Momenten
ISBN 978-3-96157-001-0